ÉTABLISSEMENTS FRANÇAIS

ASSINIE, GRAND-BASSAM & LAHOU

Côte d'Or (Golfe de Guinée)

LA ROCHELLE

IMPRIMERIE A. SIRET, RUE DE L'ESCALE, 23

—

1891

ETABLISSEMENTS FRANÇAIS

ASSINIE, GRAND-BASSAM & LAHOU

Côte d'Or (Golfe de Guinée)

En 1877 le Résident de France à Grand-Bassam et Assinie, fut invité par le Gouvernement à lui soumettre un projet d'organisation administrative et Douanière, en ces points.

Le 7 avril 1888, il adressait le rapport suivant :

Rapport à Monsieur le Sous-Secrétaire d'Etat au Ministère de la Marine et des Colonies, sur la création d'un régime de douane dans les Etablissements Français de la Côte d'Or (Golfe de Guinée).

« Au mois de janvier 1869 un régime de douane fut installé dans » les Etablissements français de la Côte d'Or.

» Mais, dès l'année suivante, avant que ce service ait eu son en- » tier fonctionnement, les établissements étaient abandonnés, et le » service de douane tombait en même temps.

» Durant les années suivantes, la colonie ne coûtant rien à la » Métropole, il n'y avait pas lieu de rétablir les douanes.

» En 1885, le développement de la colonie nécessita quelques dé- » penses de police. Un commandant particulier y fut envoyé.

» A nouveau, un régime de douane fut décrété pour faire sup- » porter ces dépenses à la colonie.

» Mais les prévisions de recette ne furent pas atteintes, par suite » du mauvais fonctionnement de ce service. Les droits n'étaient per- » çus qu'en deux points seulement de la colonie. Aucun moyen » n'était donné au service douanier pour empêcher le commerce de » s'exercer librement dans les endroits voisins.

» Ces douanes ne rapportant rien, par suite de cette installation

» défectueuse, furent supprimées et entraînèrent avec elles l'admi-
» nistration locale qu'elles étaient chargées de rétribuer.

» La colonie cependant, bien que sans budget, dépense quelque
» chose sous peine de disparaître complètement du territoire colonial
» français, et les nouveaux occupants ne seraient par longs dans ce
» cas, à se présenter.

» Le Résident de France à Grand-Bassam et Assinie n'est point
» rétribué. Mais il y a des coutumes annuelles à payer aux divers
» rois et chefs du pays. Il faut entretenir une milice pour la garde
» du pavillon. Une école a été fondée, dans les proportions les plus
» modestes, mais elle s'accroit chaque jour ; son action bienfaisante
» pour l'influence française doit être étendue, de nouveaux centres
» d'instruction doivent être fondés.

» La colonie anglaise voisine, se développe rapidement ; elle se
» crée des relations avec les populations du Nord.

» C'est pour les Établissements français de Grand-Bassam et
» Assinie une question vitale de ne pas se laisser devancer dans cette
» voie. Si notre colonie se laisse fermer ses débouchés vers les mon-
» tagnes Kong, elle n'existera bientôt plus comme place de commerce.
» Il lui faut lutter incessamment contre l'influence anglaise. Il lui
» faut passer des traités avec les peuples de l'intérieur. Un grand pas
» a été fait dans cette voie, l'année dernière, par l'expédition de
» M. Treich-Laplène, organisée par le lieutenant-gouverneur Bayol
» et le Résident, mais il faut persévérer ; le but à atteindre, est de
» pénétrer dans le bassin supérieur du Niger, et de relier Grand-
» Bassam et Assinie au Soudan français.

» Cette vaste entreprise, si profitable pour le renom et les intérêts
» français, exige des subsides que l'on ne peut songer à demander
» ni à la métropole ni à la colonie du Sénégal. Un régime de douane
» peut les fournir, à condition de fonctionner dans toute l'étendue
» des Etablissements et avec des moyens suffisants pour déjouer
» toute contrebande et briser toute résistance.

» Le vice originel des systèmes douaniers essayés en 1869 et 1885,
» était de percevoir des droits à Grand-Bassam et Assinie et de laisser
» libre les territoires des Jack Jack situés un peu à l'Ouest. Or les
» produits frappés de droits à Grand-Bassam venaient des mêmes
» régions que ceux exportés librement des Jack Jack.

» C'était la création au profit des Jack Jack d'un privilège, rendant
» tout commerce à Grand-Bassam et Assinie, impossible.

» Si un régime douanier doit exister dans nos Etablissements de
» la Côte d'Or, il doit être installé sur tout le littoral. C'est là une
» condition absolument nécessaire. Mais cette nécessité en montre

» aussi la difficulté. Grand-Bassam et Assinie ont eu pendant de
» longues années des garnisons. Les chefs et rois de ces pays reçoi-
» vent des coutumes annuelles ; les populations sont habituées à
» notre Gouvernement ; l'établissement de droits de douane en ces
» points, bien qu'assez mal vu des indigènes, ne soulèvera pas néan-
» moins de difficultés sérieuses.

» Il n'en est pas de même pour Jack Jack.

» On appelle ainsi une agglomération de villages peu distants les
» uns des autres, tous sur le littoral, habités par une population
» intelligente qui a réussi à amener à elle la plus grande partie des
» produits de la lagune de Grand-Bassam qui s'étend derrière ces
» villages.

» Depuis de longues années, le commerce se fait en ces points par
» des navires appartenant à des maisons de Bristol.

» Aucune factorerie Européenne n'existe dans les villages. Des
» cargaisons entières sont déchargées, et les navires reçoivent leurs
» chargements d'huile de palme, préparés à l'avance par des traitants
» indigènes.

» Ces villages de Jack Jack reconnaissent la souveraineté de la
» France, laquelle s'étend bien au delà de leur territoire, à Lahou, et
» en bien d'autres points plus à l'ouest ; mais ils n'ont jamais été
» soumis à aucune administration quelconque.

» L'établissement d'un service douanier dans la colonie est donc
» une opération délicate, qui demande à être préparée avec soin, et
» poursuivie ensuite avec une fermeté qui devra repousser toutes les
» protestations et briser toutes résistances.

» Deux systèmes peuvent être proposés :

» Le premier qui est le plus simple en apparence, consiste à ins-
» taller deux postes de douane, l'un à Grand-Bassam, l'autre à
» Assinie. Les opérations commerciales seraient interdites sur tous
» les autres points du littoral ; un aviso du Sénégal croisant fréquem-
» ment sur la côte ferait respecter cette décision du Gouvernement.

» Les maisons anglaises qui depuis très longtemps opèrent à Jack
» Jack seraient obligées de transformer radicalement leur mode de
» commerce ; elles devraient venir s'installer à Grand-Bassam.

» Mais cette grande perturbation apportée à leurs habitudes,
» amènerait des récriminations sans nombre et peut-être les affaires
» seraient-elles suspendues pendant de longues années.

» Cet arrêt possible des affaires traitées par les Jack Jack, rendrait
» nul le rendement des droits de douane ; ce premier système quoi-
» que le plus simple doit donc être mis de côté, au moins pour les
» premières années.

» Le second système, en outre des postes de Grand-Bassam et
» Assinie, établit des postes de douane dans les villages mêmes des
» Jack Jack.

» Ce système est plus coûteux, exige un plus grand nombre d'em-
» ployés, mais il a l'avantage de ne rien changer aux habitudes
» commerciales de ces populations et des maisons européennes. Son
» établissement suscitera donc bien moins d'opposition violente que
» le premier.

» On ne pourrait cependant créer de poste douanier dans chacun
» des nombreux villages de Jack Jack, les frais de perception de-
» viendraient trop élevés.

» Deux points seulement seraient occupés à demeure.

» Grand Lahou, à la pointe ouest de la lagune de Grand-Bassam,
» indispensable pour empêcher la contrebande, et Half Jack.

» Le poste de Half Jack comprendrait un certain nombre de
» douaniers, suffisant pour en déléguer à bord des bâtiments de com-
» merce qui déclareraient vouloir traiter devant les villages voisins.
» Cette facilité ne serait cependant donnée qu'à titre transitoire et au
» bout d'un temps fixé, un an, tout le commerce des Jack Jack de-
» vrait être centralisé à Grand Lahou et Half Jack.

» Le poste d'Assinie comprendrait deux douaniers.

» La milice actuelle d'Assinie assurerait la régulière perception
» des droits.

» Le poste de Grand-Bassam aurait également deux douaniers.

» A. Half Jack huit préposés seraient peut-être nécessaires dan-
» les premiers temps, afin d'assurer le service à la fois à terre e
» bord des navires.

» A Grand-Lahou, deux douaniers.

» En outre de ces employés blancs, quelques préposés noirs se-
» raient attachés à chaque poste.

» L'administration de tout ce service serait à Grand-Bassam point
» central, qui communique facilement par la lagune avec Jack Jack
» et Lahou, qui est point d'escale des steamers et en outre est relié
» à l'Europe par un cable télégraphique.

» Un détachement d'environ 25 tirailleurs sénégalais y serait
» attaché et pourrait se porter facilement d'un point à un autre,
» grâce à la canonnière le *Diamant*, assurant ainsi la sécurité des
» différents postes et la perception régulière des droits.

» Les droits de douane seraient payables, soit en monnaie fran-
» çaise ou anglaise, soit en poudre d'or estimée au cours du pays,
» soit en traites sur les maisons d'Europe.

» Ces traites pourraient être négociées pour le compte de la
» douane par les maisons françaises.

» Il faut prévoir comme frais de premier établissement :

» 1° Pour restauration et appropriation du poste actuel
» d'Assinie..................................Fr.   10.000

» 2° Acquisitions de bâtiments et magasins à Grand-
» Bassam 20.000

» 3° Constructions de bâtiments et magasins à Half
» Jack..   30.000

» 4° Constructions de bâtiments et magasins à Cap,
» Lahou 20.000

» 5° Achat d'embarcations, pirogues et imprévu......   20.000

» Francs.   100.000

» En appliquant le tarif ci-après annexé qui est celui en vigueur
» au Gabon, sauf quelques changements rendus nécessaires par le
» voisinage de la côte d'or anglaise, le rendement doit s'élever à plus
» de 300,000 francs. Mais ce chiffre est fort aléatoire dans les pre-
» miers exercices, à cause des difficultés de premier établissement.

» Les frais de perception seraient d'environ 100.000 fr. dans les
» premières années, et pourraient être progressivement réduits.

» Il resterait donc à la colonie un revenu susceptible de s'accroître,
» d'environ 200.000 fr.

» De ce jour daterait une ère nouvelle, la colonie avec un budget,
» prendrait une personnalité ; elle aurait les moyens de résister à
» l'invasion des rebuts des colonies voisines, alors qu'elle semble
» aujourd'hui une terre sans maître, offerte au premier aventurier.

» Elle serait en mesure d'ouvrir les routes commerciales vers les
» pays de l'intérieur lesquelles pourraient amener vers la mer un
» énorme trafic, mais qui sont actuellement constamment obstruées
» par les rivalités des chefs de tribu.

» L'école d'Assinie recevrait le développement nécessaire à l'ex-
» tension de l'influence française.

» Enfin les charges de la métropole assez importantes pourraient
» être de suite fort réduites et bientôt entièrement supprimées.

» L'établissement des droits de douane permettrait en outre d'ou-
» vrir un débouché sérieux à l'industrie et au commerce français.

» Aujourd'hui, l'importation de produits français est presque nulle
» dans nos établissements de la Côte d'or. Cela pour deux raisons.

» 1° Il n'y a pas de service de steamers reliant la France à la colonie ;
» les lignes anglaises et parfois allemandes la des   nt seules ;

» 2° les fabricants français n'atteignent pas pour leurs produits l'ex-
» trême bon marché auquel leurs concurrents anglais et allemands
» ont habitué la clientèle africaine.

» L'exemption des droits de douane pour les produits français
» importés dans la colonie peut amener un véritable réveil dans les
» habitudes de notre industrie.

» Il ne suffit pas de donner une prime à l'industrie française, il
» faut aussi stimuler le commerce.

» Or le commerce français, autrefois si florissant est aujourd'hui
» en décroissance sur toute la côte d'Afrique. Il abandonnera peu à
» peu ses anciennes positions devant la concurrence anglaise et sur-
» tout allemande.

» L'établissement d'un régime de douane donne un moyen de
» rappeler les anciennes maisons françaises qui ont abandonné le
» pays. Il suffit d'exempter de tous droits les produits français
» importés par maisons françaises ayant leur siège social en France.
» (Cette dernière condition est nécessaire pour empêcher les maisons
» étrangères de tourner la loi, en installant un simple agent français
» à leur comptoir.)

» Les entreprises agricoles françaises sont encore à leurs débuts
» dans la colonie. C'est surtout par elles cependant que l'influence
» française peut se répandre. Il est d'une politique prévoyante de les
» encourager. L'exemption de droits de douane pour les machines,
» les outils divers, les marchandises nécessaires au paiement des
» travailleurs, rendra leur création moins onéreuse et facilitera par
» suite leur développement.

» Si l'action bienfaisante de ces tarifs de protection nationale se
» faisait immédiatement sentir, si de nombreuses maisons françaises
» prenaient la place des étrangères et substituaient partout les pro-
» duits français, le rendement des douanes serait fortement atteint.

» Mais il faut des années pour accomplir une telle transformation,
» et d'ailleurs, à mesure que cet heureux résultat se produira, il
» sera facile en taxant graduellement les produits français de main-
» tenir les ressources financières de la colonie.

» En résumé, l'établissement d'un régime douanier dans les éta-
» blissements français de la Côte d'Or présente les avantages suivants :

» 1° Diminution immédiate et suppression future des charges de
» la métropole.

» 2° Création d'un budget, qui permettra à la colonie de lutter
» contre la concurrence étrangère, de créer des voies de communica-
» tions vers l'intérieur, de développer toutes ses ressources.

» 3° Protection pour l'industrie et le commerce français qui amènera

» leur prépondérance dans cette colonie, où ils n'occupent aujourd'hui
» qu'un rang très inférieur.

» L'administration de la colonie devenant fort lourde par suite de
» l'établissement du régime douanier pourrait être confiée à un Gou-
» verneur civil, résidant à Grand-Bassam et se transportant d'Assinie
» à Cap-Lahou selon les circonstances. Outre la canonnière à Grand-
» Bassam, un petit détachement de 20 à 25 tirailleurs sénégalais
» commandés par un sous-officier, assurerait son prestige.

» Il recevrait les fonds produits de taxes de douane et en ferait
» l'application soit à la métropole, soit à la colonie du Sénégal, soit
» aux dépenses locales suivant un budget établi par lui chaque année
» et approuvé par le Gouvernement du Sénégal, pour le département
» des colonies.

PROJET DE DÉCRET.

» ART. 1. — Les marchandises importées dans les établissements
» français de la Côte d'Or, de Grand-Bassam et Assinie sont soumises
» aux droits indiqués dans le tableau ci-annexé.

» ART. 2. — Les marchandises françaises importées par des
» maisons françaises ayant leur siège social en France, sont exemptes
» de droits.

» ART. 3. — Sont également exempts de tous droits, les machines,
» outils divers destinés aux entreprises agricoles françaises, les mar-
» chandises destinées au paiement et à la nourriture des employés de
» ces entreprises.

» ART. 4. — Quand la douane juge la marchandise mésestimée,
» elle peut la détenir à charge de payer au déclarant, dans les 15 jours
» qui suivent la notification du procès-verbal, une somme égale à la
» valeur déclarée augmentée du dixième.

» Art. 5. — Les droits annuels de patente et de licence sont fixés
» ainsi qu'il suit :

    » Patente de négociant................. 2000
    » Patente de marchands détaillants..... 1000
    » Licence 1500

» Art. 6. — Sont compris sous le titre de négociants tous ceux
» dont le principal commerce consiste à recevoir directement des
» marchandises de l'extérieur et à exporter les produits de la colonie.

» Art. 7. — Sont compris sous le titre de marchands détaillants,
» tous ceux qui achètent leurs marchandises à des négociants ou
» consignataires et revendent ensuite partie en demi-gros, partie en
» détail sans exporter aucun produit indigène.

» Art. 8. — Sont soumis à la licence tous ceux qui vendent au
» détail des boissons dans leur établissement, le paiement de la licence
» n'exemptera pas de prendre une patente, pour tout commerce
» exercé simultanément.

» Art. 9. — Les maisons françaises ayant leur siège social en
» France seront exemptées des droits de patente et licence.

» Art. 10. — Le nouveau régime douanier et les tarifs de patente
» et licence entreront en vigueur en même temps dans toute l'étendue
» des établissements, le 1er novembre 1888.

    » Le 7 Avril 1888.

    « *Le Résident de France à Grand-Bassam et Assinie.*

      » Signé : A. VERDIER. »

TARIF DOUANIER DES ÉTABLISSEMENTS FRANÇAIS DE LA COTE D'OR

DÉSIGNATION DER ARTICLES	UNITÉS sur lesquelles portent les droits	Établissements français	Côte d'Or anglaise	Gabon
Tabac en feuilles ou fabriqué	le k⁰ net	0 fr. 80	1 fr. 37	0 f. 40 à 1 f.
Barres de fer	100 k.	4 fr.	"	2
Plomb en barres, masses ou plaques	100 k.	10 fr.	"	3
Sel marin	100 k.	1 fr.	4 % valeur	0 f. 40
Parfumerie et savons de toilette	valeur	20 %	"	20 f. à 200 f.
Savons autres	100 k.	20 fr.	"	8
Cidres, bière, limonade (la bouteille compte pour 1 litre)	l'hecto.	25 fr.	9f la douz.	5 f.
Vermouth et vins aromatisés	do	30 fr.	10	30
Vins mousseux	bouteille	1 fr.	"	0 f. 40
Alcools de 50° et au-dessus	hecto	100 fr.	"	10f
" de 25° à 49°	"	60 fr.	68	60
" et liqueurs de traite titrant moins de 25°	"	40 fr.	"	40
Genièvre de 25 à 49° (la bouteille compte pour son contenu exact)	"	60 fr.	68	60
Poteries et porcelaines, faïences, verres	100 k.	20 fr.	"	2 à 15 f.
Fil de lin, chanvre, coton, soie	valeur	15 %		10 %
Tissus de lin do do	do	15 %		10 %
Ouvrages en fer ou fonte, acier fer blanc	100 k.	20 fr.		4 à 6 f.
do en cuivre	100 k.	20 fr.		12 f.
Outils de toutes sortes	100 k.	25 fr.		"
Coutellerie	100 k.	50 fr.		40 f.
Armes de traite, fusil silex (autres armes prohibées)	pièce	2 fr.	2.50	2 f.
Poudre de traite	k⁰ net	0.50	1 fr. 37	0 f. 30
Futailles vides ou montées	pièce	3 fr.		"
Marchandises non dénommées	valeur	10 %		10 %

En octobre 1889, Monsieur Treich-Laplène fut nommé Résident en remplacement de Monsieur Verdier, démissionnaire, et le système douanier fut organisé.

Voyons maintenant, quels ont été les résultats.

L'administration, après la mort du regretté Treich, se centralisa à Bassam ; les autres points furent négligés à tel point que, le roi d'Assinie, seul chef puissant de ces contrées, attend encore le salut du Résident !!!

La douane eut toute son activité à Bassam, la contrebande ne s'y fit pas.

A Assinie, mais surtout dans la lagune de Bassam et dans celle de Lahou, la contrebande se fit *grandiosement*, les quelques douaniers de service ne pouvant surveiller 300 kilomètres de côtes.

Les maisons anglaises se sont syndiquées : la contrebande s'est faite au profit de toutes et au détriment du commerce français.

Les maisons anglaises opèrent en ces régions depuis plusieurs siècles ; toutes les populations du littoral leur sont acquises, par ce fait surtout, que l'Angleterre a su amener sur tous les points du territoire français, des hommes à elle, venant de Cap Coast Castle, et surtout du pays d'Apollonie.

Il n'est pas un village (le pays d'Assinie excepté) où l'on ne trouve des noirs très fiers de se dire anglais ; souvent même les chefs sont des anglais ; à Bassam, par exemple, le chef reconnu par la France, brave et digne homme, est un anglais d'Apollonie, John Bley.

Les maisons anglaises, sûres de pouvoir compter d'une façon absolue sur toutes les populations du littoral et trop souvent aussi sur celles de l'intérieur, se sont appuyées sur elles pour faire de la contrebande sur une grande échelle.

Il est inutile de développer cette question de contrebande, la preuve en est faite par l'*Officiel*.

Dans le numéro de l'*Officiel* du 15 septembre 1890, on lit :

» Les droits de douane sur les marchandises importées dans la
» Côte d'Or pendant le premier semestre de 1890, s'élèvent à la
» somme totale de 95.743 fr. 47 qui se répartissent de la manière
» suivante :

 » Grand-Bassam et Assinie.......................... 83.736 77
 » Grand-Lahou et Jackville 12.006 70

Or les affaires qui se traitent aujourd'hui, comme par le passé, à Lahou et aux Jack Jack sont au moins triples de celles de Bassam et Assinie ; quiconque a la moindre notion de ces contrées sait cela d'une façon absolue.

De cet état de choses, la déduction est facile à tirer.

Si les affaires sont trois fois plus fortes à Lahou et Jack Jack qu'à Bassam et Assinie, si le rendement des droits de douane est sept moins fort à Lahou et Jack qu'à Bassam et Assinie , c'est que la contrebande faite par les étrangers, est colossale.

Le commerce français ne peut donc lutter, car il ne faut pas admettre que pour toute protection, on puisse lui conseiller d'agir comme les étrangers, ce qu'il ne ferait pas pour deux raisons : d'abord il ne le voudrait pas, puis il ne le pourrait pas, la lutte lui serait impossible contre les étrangers, pour les raisons énoncées plus haut.

Dans le projet soumis au Gouvernement en 1888, il était accordé certains avantages au commerce français , aussi bien qu'à l'industrie française:

1° Les produits français importés *par les maisons françaises ayant leur siège social en France* (ce qui est nécessaire pour empêcher les maisons étrangères de tourner la loi en installant un simple agent français à leur comptoir) seront exempts de tous droits ;

2° Les entreprises agricoles seront favorisées (toujours pour les maisons françaises) par l'exemption de droits de douane sur les machines , les outils, les matériaux et les marchandises nécessaires à ces entreprises ;

3° Les maisons françaises ayant leur siège social en

France, seront exemptées de tous droits de patente et de licence.

Ces trois questions ont été laissées de côté ; donc aucune protection au commerce français ; au lieu de cela, par les agissements d'un sieur Péan, qui a occupé la Résidence par intérim pendant près de sept mois, tout ce qui a pu être fait contre le commerce français, a été fait, ce qui sera prouvé lors des débats du procès intenté au sieur Péan, par le commerce.

L'influence française a tellement diminué en quelques mois, qu'aujourd'hui les opérations commerciales ont subi une diminution considérable, pour les indigènes et le commerce français.

L'exploitation des forêts aurait pu être réservée au commerce français, les chefs noirs l'avaient désiré ; l'administration locale en a décidé autrement.

Pas un indigène ne fait directemant l'exploitation, tous les exportateurs, en dehors des maisons française et anglaise, sont des noirs anglais, véritable plaie pour le pays ; en paiement de leur exportation, ils reçoivent des espèces venues d'Europe, espèces qu'ils emportent tranquillement dans la colonie anglaise, sans avoir payé un centime au trésor de la colonie française.

Il faut donc, comme nous le disions tout à l'heure, que les avantages stipulés plus haut soient accordés au commerce français; c'est une condition, *sine qua non*, de son existence dans l'avenir; sans cela le commerce français n'aurait qu'à fermer ses comptoirs ; pendant une année les pertes subies ont été considérables, il est plus qu'inutile de continuer dans ces conditions.

Dans le projet soumis au Gouvernement en 1888, il était fait remarquer combien la contrebande serait grande, si on ne faisait pas tout ce qu'il fallait faire pour l'empêcher.

Or ce qui a été fait est insuffisant, la preuve en est faite.

Aujourd'hui il faut *bien vouloir*, ce qui est nécessaire.

De la rivière Fresco à Assinie, il y a 300 kilomètres ;

quatre points seulement doivent être occupés par la douane, et là *uniquement*, les opérations de débarquement doivent être autorisées.

En dehors de ces quatre points, toute opération de débarquement ou d'embarquement devra être interdite ; dans le cas de contrebande, navires et marchandises devront être impitoyablement saisis.

Les quatre postes de douane, devront être : Grand-Lahou, Half-Jack, Grand-Bassam et Assinie ; les trois premiers auront trois douaniers européens avec des auxiliaires noirs, le dernier aura deux douaniers européens.

Un aviso devra surveiller activement la côte afin de rendre exécutoire ce qui aurait été décidé.

Si tout cela n'est pas adopté, le commerce français devra cesser toutes opérations commerciales, la lutte ne lui étant plus possible.

Si au contraire ces idées sont acceptées par le gouvernement il faut encore étudier dès maintenant, les modifications à apporter au tarif douanier, lequel est trop élevé, l'expérience le prouve.

Une dernière question doit être traitée ici :

L'expansion de l'influence française dans l'intérieur africain, par Bassam et Assinie.

Le gouvernement ne saurait penser à marcher vers le Nord, de grandes compagnies peuvent seules entreprendre semblable tâche.

Ces compagnies n'oseront le faire que, quand des privilèges leur seront accordés et surtout, quand elles seront moralement sûres que le gouvernement interdira (comme il le fait au Sénégal) l'accès de l'intérieur aux étrangers.

Actuellement, l'administration locale dit à tous : la voie est ouverte. Cela est écrit, en réponse aux lettres du commerce français, rappelant que les traités passés avec les indigènes, réservent aux Français, l'accès de l'intérieur.

Seuls les étrangers, en raison de la situation privilégiée qu'ils ont su se faire depuis des siècles, oseront tenter la marche vers le Nord ; le syndicat dont il a été parlé, le tentera, le tente déjà !

Le gouvernement croit-il que ces étrangers travailleront au développement de l'influence française ?

Tout cela prouve que, dans des pays aussi neufs et aussi difficiles d'accès, le gouvernement doit tout tenter, même l'absurde, pour aider nos nationaux !!!

La Rochelle, le 15 janvier.

En date du 23 décembre dernier, j'ai écrit à Monsieur le Sous-Secrétaire d'Etat aux Colonies, au sujet des droits de douane à Bassam et Assinie; je lui demandais de m'exempter de droits de douane pendant une année ; j'ajoutais que si cela m'était refusé, je ne voulais plus lutter inutilement et que je lui laissais le soin de fermer mes établissements.

Il m'est impossible de continuer mes opérations coloniales avec la certitude absolue de la ruine.

J'ai perdu cette année une somme énorme, perte amenée par les faits relatés dans le mémoire sur les établissements de la Côte d'or.

La compensation naturelle est la remise, pendant un an, de tous droits de douane, puisque pendant l'année qui vient de s'écouler les droits ont été payés par moi et non par le commerce étranger.

Il y aurait équité à me tenir compte d'une partie des énormes sommes qui ont été perdues ou dépensées par moi pour la Colonie de la Côte d'or.

En 1870, la France ayant brusquement évacué la Colonie, j'ai subi une perte de 200.000 francs dont je ne parlerai que pour mémoire, ne l'ayant jamais réclamée.

Perte subie en 1870 par suite de l'évacuation ....Francs 200.000   mémoire.

En 1871, le pillage (suite de l'évacuation) de la goëlette *Louise* m'a fait perdre 120.000

chiffre auquel les naturels ont été condamnés ;

Le gouvernement m'a fait payer quelques milliers de francs, puis il s'est désintéressé ;

En 1873, le blocus de la Colonie fait par la flotte anglaise m'a coûté 166.000

Malgré toutes mes réclamations (pendant 4 années) auprès du gouvernement français et du cabinet britannique je n'ai pu être remboursé d'un centime.

Par lettre du 4 avril 1888 à Monsieur le Sous-Secrétaire d'État, j'ai prouvé que la charge de la Résidence m'avait coûté au moins !!! 120.000

Francs.   406.000

Si j'ai contribué au développement de la Colonie et peut-être aussi à son maintien dans le domaine colonial français, pourquoi aujourd'hui ne pas me donner satisfaction dans l'équitable demande faite par moi.

Un refus fermera mes établissements africains.

La Rochelle, le 15 Janvier 1891.

A. VERDIER.